MW01225562

DELICIAS

únicamente deliciosas recetas

INFORMACIÓN GENERAL

El grado de DIFICULTAD de las recetas de este libro
se expresa en números del 1(sencillo) al 3 (difícil).

DELICIAS
únicamente deliciosas recetas

sopas

RINDE 4 porciones

PREPARACIÓN 15 minutos

COCCIÓN 25 minutos

DIFICULTAD grado 1

Sopa de pollo

con curry y elote

En una olla grande para sopa sobre fuego medio-alto caliente 2 cucharadas del aceite. • Agregue el pollo y el ajo y saltee 4 ó 5 minutos, hasta que el pollo esté cocido. Saque el pollo y reserve. • Agregue el caldo de pollo y los granos de elote. Hierva a fuego bajo durante 10 minutos. • En un tazón pequeño mezcle el curry con el vino de arroz hasta obtener una mezcla tersa. Integre con la sopa hirviendo. Agregue el azúcar y sazone con sal. Hierva a fuego bajo alrededor de 5 minutos más. • En un tazón pequeño bata el huevo con el aceite de ajonjolí restante. • Vuelva a colocar el pollo cocido en la sopa. Mezcle hasta integrar y deje cocer a fuego lento. • Integre el huevo con el aceite de ajonjolí con la sopa lentamente sin dejar de mover. • Retire del fuego. Adorne con las cebollitas de cambray y sirva caliente.

3 cucharadas de aceite de ajonjolí

2 pechugas de pollo (aproximadamente 500 g/1 lb), sin piel, deshuesadas y cortadas en tiras largas

2 dientes de ajo, finamente picados

5 tazas (1.25 litro) de caldo de pollo (hecho en casa o de cubo)

1 lata (400 g/14 oz) de granos de elote (elote dulce), escurridos

1 cucharada de curry en polvo

3 cucharadas de vino de arroz

1 cucharadita de azúcar

Sal

1 huevo

2 cucharadas de cebollitas de cambray, picadas

Crema de elote

con camote

En una olla grande para sopa sobre fuego medio, saltee el tocino alrededor de 5 minutos, hasta que se dore. • Agregue el poro, el chalote, el apio y la mantequilla. Saltee suavemente 5 ó 10 minutos, reduciendo el calor si el chalote y los poros se empiezan a dorar. • Añada la hoja de laurel, el ajo, las papas, los camotes y el elote. Mezcle hasta integrar. Cocine 5 ó 10 minutos moviendo constantemente. • Integre el vino y el jerez. Cocine a fuego medio 3 ó 5 minutos, hasta que el líquido se reduzca. Añada el perejil, el tomillo, la sal, la pimienta negra, la pimienta de cayena y el caldo. Lleve a ebullición y cuando suelte el hervor reduzca el calor a bajo. Tape parcialmente y deje hervir a fuego lento alrededor de una hora, hasta que las papas estén suaves pero que no pierdan su forma. • Añada la crema. Adorne con el perejil y sirva caliente.

100 g (4 oz) de tocino, partido en cubos

2 poros, solamente la parte blanca y verde clara, finamente picados

3 chalotes, finamente picados

2 tallos de apio, finamente picados

2 cucharadas de mantequilla

1 hoja de laurel

2 dientes de ajo, finamente picados

3 papas medianas, aproximadamente 350 g (12 oz), sin piel y cortadas en cubos pequeños

500 g (1 lb) de camotes, sin piel y cortados en cubos pequeños

2 tazas (300 g) de granos de elote (elote dulce) de lata o congelados

6 cucharadas de vino blanco seco

3 cucharadas de jerez seco

3 cucharadas de perejil recién picado más el necesario para adornar

1 cucharada de tomillo recién picado

1/2 cucharadita de sal o más si fuera necesario

1 cucharadita de pimienta negra recién molida

1/4 cucharadita de pimienta de cayena

5 tazas (1.25 litro) de caldo de res (hecho en casa, o de cubo, vea página 9)

4 cucharadas de crema espesa

RINDE 6 porciones

PREPARACIÓN 40 minutos más 12 horas de remojo

COCCIÓN 3 horas

DIFICULTAD grado 1

Sopa Italiana

con garbanzos

En una olla grande para sopa con agua sobre fuego medio-bajo ponga a hervir los garbanzos. Retire la espuma. Cocine a fuego bajo alrededor de 2 horas o hasta que los garbanzos estén muy suaves. • Sazone con sal y retire del fuego (deberá haber suficiente agua). Escurra reservando el agua de cocimiento. • Cocine el apio en agua hirviendo con sal durante 25 ó 30 minutos, hasta que esté suave. • Escurra y reserve. • En una sartén grande sobre fuego medio caliente el aceite, saltee los hongos y las salchichas durante 10 minutos, hasta que las salchichas estén bien doradas. • Espolvoree con la harina y sazone con sal y pimienta. Añada 4 tazas (1 litro) del agua reservada. Tape y hierva sobre calor medio durante 30 minutos. • Integre los garbanzos ya cocidos y el apio. • Añada la pasta y cocine 5 ó 7 minutos, hasta que esté al dente. • Sirva caliente.

- 4 litros de agua (4 qt) o más si fuera necesario
- 2 tazas (300 g) de garbanzos, remojado durante toda la noche
- Sal
- 500 g (1 lb) de tallos de apio o cardo, sin las hebras duras, picado grueso
- 1/3 taza (90 ml) de aceite de oliva extra virgen
- 30 g (1 oz) de hongos secos, remojados en agua tibia durante 15 minutos
- 2 salchichas italianas, picadas
- 1 cucharadita de harina de trigo (simple)
- Pimienta negra recién molida
- 350 g (12 oz) de pasta para sopa seca pequeña, como el ditalini

RINDE 4 ó 6 porciones

PREPARACIÓN 30 minutos

COCCIÓN 40 minutos

DIFICULTAD grado 2

Caldo de Res

con gnocchi de sémola

En una olla grande y profunda hierva la leche. Agregue la sal y la harina de sémola batiendo con un batidor globo. • Lleve a ebullición y cuando suelte el hervor reduzca a fuego bajo y hierva 15 ó 20 minutos, moviendo constantemente con una cuchara de madera. Si se vuelve pegajosa y difícil de mover, agregue más leche. • Pase a un tazón grande y deje enfriar, moviendo ocasionalmente. Agregue las yemas de huevo y la mantequilla y mezcle hasta integrar. • En otro tazón bata las claras hasta que se esponjen e integre con la mezcla. • Forme los gnocchi aproximadamente del tamaño de una nuez. • En una olla grande hierva el caldo de res. Cocine los gnocchi en tandas de 3 a 4 minutos, hasta que suban a la superficie. • Usando un cucharón pase el caldo y los gnocchi a tazones de servicio. Espolvoree con el queso parmesano y sirva caliente.

4 tazas (I litro) de leche o más si fuera necesario (opcional)

$^1/_4$ cucharadita de sal

$1^2/_3$ taza (250 g) de harina de sémola

2 huevos separados, más 2 yemas

3 cucharadas de mantequilla, suavizada

6 tazas (1.5 litro) de caldo de res (vea la receta en la página 9)

I taza (125 g) de queso parmesano recién rallado

Caldo de Res

con gnocchi de pan de centeno

Caldo de res: Introduzca los clavos en los cuartos de cebolla. • En una olla grande para sopa coloque todos los ingredientes y cubra con el agua. Lleve a ebullición sobre fuego medio-bajo. • Cuando suelte el hervor reduzca el fuego y hierva a fuego lento durante 3 horas. Retire la espuma que se forme en la superficie del caldo. • Cuele el caldo y deseche las verduras. En un tazón grande coloque el pan y agregue la pancetta o tocino, la cebolla, el poro y el ajo. • Gnocchi: En un tazón pequeño mezcle la leche, el agua y la sal. Vierta sobre la mezcla del pan y deje reposar durante una hora. • Use sus manos para amasar la polenta. • Forme bolitas del tamaño de una nuez y cubra con la harina. • En una olla grande hierva el caldo. Agregue las bolitas y hierva a fuego lento alrededor de 20 minutos, hasta que estén cocidas. • Usando un cucharón páselas a tazones de servicio y sirva caliente.

Caldo de res:

4 clavos (opcional)

1 cebolla grande, cortada en cuartos

1 zanahoria grande, cortada a la mitad

1 poro

2 tallos de apio incluyendo las hojas

1 manojo pequeño de perejil

2 hojas de laurel

2 dientes de ajo, sin piel

2 jitomates muy maduros

1 cucharada de sal de mar gruesa

1 kg (2 lb) de carne de res

1 kg (2 lb) de huesos de res

Aproximadamente 2 litros (2 qt) de agua
fría

Gnocchi:

300 g (10 oz) de pan de centeno, sin
corteza

1 1/3 taza (180 g) de pancetta ahumada (o
tocino), picada

1 cebolla morada, finamente picada

1 poro grande, únicamente la parte blanca,
finamente picado

1 diente de ajo, finamente picado

3 cucharadas de leche

3 cucharadas de agua

Sal

1/3 taza (30 g) de polenta o cornmeal

1/3 taza (30 g) de harina de trigo (simple)

RINDE 4 ó 6 porciones

PREPARACIÓN 60 minutos más 12
horas de remojo

COCCIÓN 3 horas

DIFICULTAD grado 1

Minestrone

con garbanzo y lentejas

En una olla grande para sopa ponga a hervir 8 tazas (2 litros) de agua con el garbanzo y las lentejas. Retire la espuma que salga. Reduzca el fuego y cocine a fuego lento alrededor de 90 minutos o hasta que las leguminosas estén casi suaves. • Escurra reservando el caldo. • En una olla grande sobre fuego bajo saltee la pancetta en el aceite durante 5 minutos. • Agregue la cebolla y saltee 5 minutos más. • Agregue las hierbas y los jitomates y cocine 3 minutos. • Agregue las 8 tazas (2 litros) de agua restante y el hueso de jamón y hierva. Sazone con sal y agregue todos los vegetales. • Cocine sobre fuego medio-bajo durante 30 minutos. • Agregue las leguminosas escurridas y aproximadamente la mitad del caldo reservado. Pique el ajo y la manteca e integre a la olla. • Cocine durante 30 ó 45 minutos, hasta que las verduras estén suaves. • Cocine la pasta en la sopa hirviendo hasta que esté al dente. Si no tiene suficiente líquido, agregue un poco más del caldo reservado. Espolvoree con el queso pecorino y sazone con pimienta negra. Sirva caliente.

1 taza (150 g) de garbanzo seco, remojado en agua durante toda la noche

1 taza (150 g) de lentejas

4 litros (4 qt) de agua

1/2 taza (60 g) de pancetta (o tocino), finamente picada

1/4 taza (60 ml) aceite de oliva extra virgen

1 cebolla, finamente picada

3 cucharadas de hierbas mixtas, finamente picadas (como mejorana, tomillo, perejil y salvia)

1 taza (250 ml) de passata de jitomate (jitomate colado)

1 hueso de jamón (opcional)

Sal

500 g (1 lb) de verduras mixtas (zanahoria, apio, espinaca, acelga, papas, calabacita), finamente picadas

2 dientes de ajo

1/4 taza (30 g) de manteca de cerdo o mantequilla, troceada

250 g (8 oz) de pasta ditalini

1/4 taza (30 g) queso pecorino recién rallado

Pimienta negra recién molida

RINDE 4 porciones

PREPARACIÓN 15 minutos

COCCIÓN 30 minutos

DIFICULTAD grado 1

Sopa de Res

con chiles y tamarindo

En una olla para sopa sobre fuego medio hierva el caldo de res. Agregue las papas, las zanahorias, las castañas, el brócoli, la soya, el tamarindo y la carne de res. Tape y deje hervir a fuego lento durante 20 minutos, moviendo ocasionalmente. • Agregue los hongos y cocine durante 5 minutos. Añada el germinado de soya, las cebollitas y los chiles. Cocine 5 minutos más. • Sazone con sal y pimienta y sirva caliente.

6 tazas (1.5 litro) de caldo de res (vea página 9)

6 papas cambray, partidas a la mitad

6 zanahorias, cortadas en juliana

1 taza (100 g) de castañas de agua, picadas

125 g (4 oz) de brócoli, picado

3 cucharadas de soya oscura

2 cucharadas de pasta de tamarindo

350 g (12 oz) de filete de res, cortado en tiras

180 g (6 oz) de hongos shiitake, finamente rebanados

125 g (4 oz) de germinado de soya mung

4 cebollitas de cambray, únicamente sus partes blancas y verdes claras, picadas

2 chiles verdes frescos, sin semillas y finamente picados

2 chiles rojos frescos, sin semillas y finamente picados

Sal y pimienta negra recién molida

RINDE 6 u 8 porciones

PREPARACIÓN 20 minutos

COCCIÓN 40 minutos

DIFICULTAD grado 2

Sopa de Pollo

con lentejas y limón

En una olla grande sobre fuego medio, caliente el aceite. Agregue la cebolla, el apio y la zanahoria. Saltee durante 7 ó 10 minutos, hasta que estén suaves. • Añada el ajo, el tomillo y el comino. Agregue las lentejas, el caldo, la ralladura de limón, la hoja de laurel y deje hervir. • Tape y deje hervir a fuego lento alrededor de 30 minutos, hasta que las lentejas estén suaves. • Deseche la hoja de laurel y agregue una cucharada del jugo de limón. • Retire del fuego y deje enfriar ligeramente. • Usando una batidora de inmersión bata hasta que quede terso. Vuelva a colocar la olla sobre el fuego y recaliente levemente. Si la sopa está demasiado espesa, agregue un poco de agua. Sazone con sal y pimienta y agregue un poco más de jugo de limón. • Adorne con el perejil y sirva caliente

3 cucharadas de aceite de oliva extra virgen

1 cebolla grande, finamente picada

1 tallo de apio, finamente picado

1 zanahoria, finamente picada

1 diente de ajo, finamente picado

1 cucharada de tomillo, finamente picado

$1/2$ cucharadita de semillas de comino

$1^2/3$ taza (350 g) de lentejas rojas

8 tazas (2 litros) de caldo de pollo (hecho en casa o de cubo)

Ralladura de $1/4$ de limón agrio

1 hoja de laurel

2 cucharadas de jugo de limón agrio fresco

Sal y pimienta recién molida

2 cucharadas de perejil, finamente picado

13

RINDE 4 porciones

PREPARACIÓN 40 minutos

COCCIÓN 1 hora 15 minutos

DIFICULTAD grado 1

Sopa de Cebada Perla

En una olla grande coloque el hueso de jamón y cubra con el agua. Añada la cebolla, la zanahoria, el apio, el jitomate, el perejil y los granos de pimienta. Ponga a hervir sobre fuego bajo y deje cocer alrededor de 45 minutos, hasta que los vegetales estén muy suaves. • Usando una cuchara ranurada saque los vegetales y colóquelos en un procesador de alimentos o en una licuadora y muela hasta obtener un puré terso. • Despegue el jamón del hueso y agréguelo a la olla. Integre el puré de verduras. Sazone con sal y hierva. • Añada la cebada y cocine cerca de 30 minutos, moviendo ocasionalmente, hasta que la cebada esté suave. • Espolvoree con el queso pecorino y sirva caliente.

1 hueso de jamón curado en sal (con un poco de jamón adherido al hueso)

2 litros (2 qt) de agua

1 cebolla, cortada en cuartos

1 zanahoria, picada grueso

1 tallo de apio, picado grueso

1 jitomate maduro, cortado a la mitad

4 ramas de perejil fresco

$1/4$ cucharadita de granos de pimienta negra

Sal

2 tazas (200 g) de cebada perla (farro)

$3/4$ taza (90 g) de queso pecorino recién rallado

RINDE 4 porciones

PREPARACIÓN 20 minutos

COCCIÓN 20 minutos

DIFICULTAD grado 1

Sopa de Endivia

En una olla con agua hirviendo con sal cocine las endivias alrededor de 10 minutos, hasta que estén suaves. • Escurra y muela en un procesador de alimentos hasta obtener un puré terso. • Pase a un tazón grande e integre los huevos, el queso parmesano y la nuez moscada. • Vierta el caldo de res sobre la mezcla de huevo y mezcle hasta integrar. • Acomode el pan en tazones individuales y cubra con la sopa. • Sirva caliente.

400 g (14 oz) de endivias belgas o acelgas, enjuagadas y finamente rebanadas

4 huevos, ligeramente batidos

4 cucharadas de queso parmesano recién rallado

$\frac{1}{8}$ cucharadita de nuez moscada recién rallada

5 tazas (1.25 litro) de caldo de res (vea página 9), hirviendo

4 rebanadas de pan de textura firme, tostado

RINDE 6 porciones
PREPARACIÓN 2 horas más 30
minutos de reposo
COCCIÓN 40 minutos
DIFICULTAD grado 3

Tortellini
en caldo de res

Pasta: Cierna la harina y la sal sobre un tazón mediano. Agregue los huevos y mezcle hasta formar una masa suave. Amase durante 15 ó 20 minutos, hasta que esté suave y elástica. Haga una bola y envuelva en plástico adherente. Deje reposar durante 30 minutos. • Relleno: En una olla pequeña sobre fuego medio, caliente la mantequilla y la salvia. Agregue el puerco y saltee hasta que se dore. • Añada el hígado de pollo y saltee durante 2 ó 3 minutos. • Agregue la mortadela y saltee 3 minutos. • Retire del fuego y deseche la salvia. • En un procesador de alimentos pique finamente. Pase a un tazón grande e incorpore el huevo, el queso Parmesano, sal, pimienta y la nuez moscada. • Extienda la masa en una mesa de trabajo ligeramente enharinada con ayuda de un rodillo hasta que esté muy delgada. Corte en cuadros de 4 cm (1½ in) y coloque en el centro una porción de relleno del tamaño de una nuez. Doble en forma de tortellini. • Cocine la pasta en el caldo hirviendo durante 3 ó 5 minutos. • Sirva caliente acompañando con el queso parmesano.

Masa para la Pasta:

2 tazas (300 g) de harina de trigo (simple)

¼ cucharadita de sal

3 huevos

Relleno:

2 cucharadas de mantequilla

5 hojas de salvia fresca

300 g (12 oz) de lomo de puerco, cortado en cubos

1 hígado de pollo, limpio y cortado en cuartos

1¼ taza (150 g) de mortadela, cortada en cubos

1 huevo

¼ taza (30 g) de queso parmesano recién rallado

Sal y pimienta recién molida

⅛ cucharadita de nuez moscada recién rallada

Para acompañar:

8 tazas (2 litros) de caldo de res, (hecho en casa, vea página 9, o de cubo), hirviendo

¾ taza (90 g) de queso parmesano recién rallado

RINDE 4 porciones

PREPARACIÓN 30 minutos

COCCIÓN 30 minutos o más si se
hace con almejas frescas

DIFICULTAD grado 2

Crema de Almejas

Lave las almejas frescas y coloque en un una olla grande para sopa con el agua y una cucharadita de mantequilla. Deje cocer sobre fuego lento durante 8 ó 10 minutos, hasta que las almejas se abran. Coloque un colador con las almejas sobre un tazón grande y deje escurrir. Reserve el caldo. Deseche las almejas que no se hayan abierto. Retire la carne. Pique las almejas más grandes y deje las pequeñas enteras. Si usa almejas de lata, escurra el jugo e integre al agua o al jugo de almeja. Si usa carne de almeja congelada, primero descongélelas. Derrita las 4 cucharadas restantes de mantequilla en la misma olla para sopa sobre calor medio. Agregue la cebolla, el apio, el ajo y $1/4$ cucharadita de sal y saltee alrededor de 5 minutos sobre calor medio, hasta que se suavicen. Integre la harina y el caldo de almeja (o caldo de pescado) y el vino. Agregue las papas, la hoja de laurel y los granos de pimienta de jamaica. Hierva alrededor de 10 minutos sobre fuego lento, hasta que las papas estén suaves. Agregue los granos de elote y cocine 5 minutos más. Retire del fuego y deseche la hoja de laurel y los granos de pimienta de jamaica. Agregue la crema y las almejas. Cocine 3 minutos más pero no deje que hierva. Sazone con sal y pimienta. Sirva caliente.

1.5 kg (3 lb) de almejas frescas (aproximadamente 30 almejas) o 1 lata (300g/10 oz) o 350 g (12 oz) de carne de almeja congelada

$1\,1/4$ taza (310 ml) de agua o jugo de almeja embotellado si usa almejas de lata

1 cucharadita más 4 cucharadas de mantequilla

1 cebolla, finamente picada

1 tallo de apio, finamente picado

2 dientes de ajo, finamente picados

Sal

2 cucharadas de harina de trigo (simple)

$2/3$ taza (150 ml) de vino blanco seco

3 papas medianas, cortadas en cubos

1 hoja de laurel

2 granos de pimienta de jamaica

1 taza (100 g) de granos de elote congelados o los granos de una mazorca de elote fresco

$1\,1/2$ taza (375 ml) de crema espesa

Pimienta negra recién molida

RINDE 4 porciones

PREPARACIÓN 40 minutos

COCCIÓN 30 minutos

DIFICULTAD grado 1

Caldo de Res

con bolitas de pan

Remoje el pan en la leche durante 10 minutos o hasta que esté suave. Escurra, exprimiendo el exceso de leche. • En una olla grande sobre fuego bajo, caliente 2 cucharadas de mantequilla y saltee la cebolla durante 20 minutos, hasta que esté suave y dorada. • Sazone con sal. Retire del fuego y deje enfriar. • En un tazón grande bata la mantequilla con una cuchara de madera hasta que se suavice. • Agregue el pan remojado en leche a la mantequilla e incorpore la cebolla, la harina, una cucharada de perejil, los huevos y la nuez moscada. • Forme bolitas de 4 cm (1 ½ in). • Hierva las bolitas en una olla grande con el caldo sobre fuego lento cerca de 7 minutos, hasta que estén bien cocidas. • Espolvoree con el perejil restante y sirva caliente.

500 g (1 lb) de pan del día anterior, sin corteza y desmoronado

1¼ taza (310 ml) de leche

½ cebolla, finamente picada

⅓ taza (80 g) de mantequilla

Sal

¾ taza (125 g) de harina de trigo (simple)

1 manojo pequeño de perejil, finamente picado

5 huevos grandes

⅛ cucharadita de nuez moscada recién rallada

3 tazas (750 ml) de caldo de res (vea página 9), hirviendo

RINDE 6 porciones

PREPARACIÓN 1 hora más 1 hora
para que se seque la pasta

COCCIÓN 15 minutos

DIFICULTAD grado 2

Caldo de Res

con pasta fresca

Masa para pasta: Cierna la harina, la sal y la nuez moscada sobre una mesa de trabajo. Haga una fuente en el centro. Rompa los huevos en la fuente e integre el queso parmesano; mezcle para hacer una masa suave. Amase durante 15 ó 20 minutos, hasta obtener una masa elástica. Haga una bola con la masa, envuelva en plástico adherente y deje reposar durante 10 minutos. • Divida la masa en cuartos y extienda con ayuda de un rodillo hasta dejar de 2 cm de grosor (¾ in). Deje secar sobre un paño de cocina limpio durante 10 minutos. • Corte la masa en piezas pequeñas y deje secar. Corte en trozos tan pequeños que parezcan granos de arroz. • Extienda sobre una superficie limpia y deje secar por lo menos durante una hora en un lugar seco y bien ventilado. • Hierva el caldo y cocine la pasta durante 1 ó 2 minutos, hasta que esté al dente. Espolvoree con queso parmesano y sirva caliente.

Masa para la Pasta:

$2^{2}/_{3}$ tazas (400 g) de harina de trigo (simple)

$1/_{4}$ cucharadita de sal

$1/_{8}$ cucharadita de nuez moscada recién rallada

3 cucharadas de queso parmesano recién rallado

4 huevos

Para acompañar:

2 litros (2 qt) de caldo de res (vea página 9)

$3/_{4}$ taza (90 g) de queso parmesano recién rallado

RINDE 6 u 8 porciones

PREPARACIÓN 25 minutos

COCCIÓN 35 minutos

DIFICULTAD grado 2

Crema de elote

con papas y pimientos

En una olla mediana sobre fuego medio caliente el aceite. Agregue las cebollas, el ajo, el chile, el apio y la zanahoria; saltee durante 5 minutos, hasta que estén suaves. • Añada la sal. Tape y cocine durante 5 ó 10 minutos, hasta que las verduras estén suaves. • Agregue la mezcla de fécula de maíz y bata hasta incorporar por completo. • Añada las papas y los granos de elote. • Disuelva la pasta de tomate en 4 tazas (1 litro) de caldo. Integre con las verduras batiendo. • Lleve a ebullición y cuando suelte el hervor reduzca el fuego y hierva durante 8 ó 10 minutos, hasta que las papas estén suaves pero no pegajosas. • Agregue los pimientos e integre las 4 tazas (1 litro) restantes de caldo. Deje que dé otro hervor. Agregue la albahaca, el perejil y la crema, si la usa. Sirva caliente.

3 cucharadas de aceite de oliva extra virgen

2 cebollas pequeñas, finamente picadas

2 dientes de ajo, finamente picados

1 chile rojo o verde de sabor suave, sin semillas y finamente picado

1 tallo de apio, finamente picado

1 zanahoria, finamente picada

1 cucharadita de sal

1 cucharada de fécula de maíz (maicena), disuelta en $1/4$ taza de agua

500 g (1 lb) de papas cambray, finamente rebanadas

500 g (1 lb) de granos de elote (elote dulce), congelados

1 cucharadita de pasta de tomate (concentrado)

8 tazas (2 litros) de caldo de pollo, (hecho en casa o de cubo)

2 pimientos (capsicums) rojos, sin semillas y cortados en cubos pequeños

2 cucharadas de albahaca fresca, finamente picada

1 cucharada de hojas de perejil, finamente picado

$1/3$ taza (90 ml) de crema espesa (opcional)

Bourride

En una olla grande coloque los poros, chalote y papas en capas con el ajo (si lo usa). Coloque los trozos de pescado sobre las verduras y bañe con el caldo y el vino. Cocine a fuego lento (que no hierva) durante 10 ó 15 minutos, hasta que el pescado esté cocido. • Use una cuchara ranurada para pasar el pescado a un platón de servicio y mantenga caliente. • Hierva el líquido de cocimiento sobre fuego alto hasta que se reduzca a la mitad. • Retire las papas cuando estén suaves y mantenga calientes. • En una olla sobre fuego bajo caliente 1 ¼ taza (310 ml) del alioli. Cuele el caldo reducido e incorpore gradualmente con el alioli batiendo constantemente. Ponga a fuego lento. No deje que hierva. Debe verse espeso, pálido y cremoso. Sazone con sal y pimienta. • Coloque una rebanada de pan tostado en cada tazón individual y cubra con el pescado y las papas. Agregue un cucharón de la sopa. • Usando una cuchara agregue el alioli restante y espolvoree con el perejil. Sirva caliente. Para preparar el alioli: machaque el ajo en un mortero o exprimidor de ajo. Coloque en un tazón mediano e integre las yemas y el vinagre. • Agregue el aceite en hilo continuo (como si estuviera haciendo mayonesa), moviendo constantemente hasta que esté suave y cremoso. Sazone con sal.

2 poros, únicamente la parte blanca, finamente rebanados

1 chalote, finamente rebanado

500 g (1 lb) de papas, sin piel y finamente rebanadas

2 dientes de ajo, machacados (opcional)

1 kg (2 lb) de filetes de pescado blanco de textura firme como el bacalao, rombo, rodaballo o rape

4 tazas (1 litro) de caldo de pescado

2/3 taza (150 ml) de vino blanco seco

1 porción de alioli (vea abajo)

Sal y pimienta negra recién molida

4 ó 6 rebanadas de pan francés, tostado

2 cucharadas de perejil de hoja lisa, picado, para adornar

Alioli:

6 dientes de ajo

2 yemas de huevo

1 cucharada de vinagre de vino blanco

2 tazas (500 ml) de aceite de oliva extra virgen

Sal

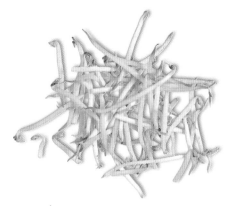

RINDE 4 ó 6 porciones

PREPARACIÓN 30 minutos

COCCIÓN 30 minutos

DIFICULTAD grado 2

Sopa de Pollo
con tallarines

En un wok grande mezcle el tamarindo, el aceite de chile, los chiles, el ajo, el jengibre y las salsas de soya y de ostión. Caliente el wok a calor medio. • Agregue el azúcar y las hojas de curry (si las usa) y agregue el caldo. Hierva, moviendo constantemente durante 5 minutos. • Añada el pollo y deje hervir 5 minutos más, moviendo constantemente. • Incorpore las zanahorias, el germinado de soya, los elotitos, los pimientos y el fideo de arroz. Hierva a fuego lento aproximadamente 10 minutos, hasta que el pollo y los vegetales estén suaves. • Sazone con sal. Adorne con el cilantro y sirva caliente.

2 cucharadas de pasta de tamarindo

1 cucharada de aceite de chile asiático

5 chiles rojos secos, machacados

5 dientes de ajo, finamente picados

1 cucharada de jengibre fresco, finamente picado

4 cucharadas de salsa de soya oscura

1 cucharada de salsa de ostión

1 cucharada de azúcar

6 hojas de curry (opcional)

1.5 litros (6 tazas) de caldo de pollo (hecho en casa o de cubo)

2 pechugas de pollo, deshuesadas, sin piel y cortadas en tiras delgadas

2 zanahorias medianas, finamente picadas

1 taza (125 g) de germinado de soya

6 u 8 elotitos

$^1\!/_2$ taza (125 g) de pimientos (capsicums) verdes, picados

$^1\!/_2$ taza (125 g) de pimientos (capsicums) rojos, picados

180 g (6 oz) de fideo de arroz vermicelli

Sal

2 cucharadas de cilantro, picado, para adornar

RINDE 6 porciones

PREPARACIÓN 20 minutos

COCCIÓN 30 minutos

DIFICULTAD grado 2

Sopa de Calabaza Butternut

En una olla grande sobre fuego medio, derrita la mantequilla. Agregue las cebollas, el ajo, la sal, el comino, las semillas de cilantro y la mostaza y saltee alrededor de 5 minutos, hasta que las cebollas estén suaves. • Agregue la calabaza, la papa, la miel de abeja, el chile y el jengibre. Añada 4 tazas (1 litro) del caldo y hierva sobre fuego bajo. Tape y hierva a fuego lento aproximadamente 15 minutos, hasta que los vegetales estén suaves. • Agregue los garbanzos, las 2 tazas (500 ml) restantes del caldo y la mitad del jugo de limón. Hierva lentamente durante 5 minutos. Retire del fuego y deje enfriar ligeramente. Mezcle con una licuadora de inmersión hasta que esté terso. Vuelva a colocar la olla sobre el fuego y recaliente levemente, agregando el jugo de limón restante y más caldo si fuera necesario. Sazone con sal, pimienta negra y pimienta de cayena. • Integre el yogurt y adorne con el pimiento rojo. Sirva caliente.

2 cucharadas de mantequilla

2 cebollas pequeñas, finamente picadas

1 diente de ajo, finamente picado

1 cucharadita de sal

$1/2$ cucharadita de comino molido

$1/2$ cucharadita de semillas de cilantro, molidas

$1/2$ cucharadita de mostaza en polvo

2 calabazas butternut medianas, sin piel, sin semillas y cortadas en cubos pequeños

1 camote o papa blanca, en cubos

1 cucharadita de miel de abeja

1 chile verde, finamente picado

2.5 cm (1 in) de jengibre fresco, sin piel y finamente picado

6 tazas (1.5 litro) de caldo de pollo

2 tazas (400 g) de garbanzos de lata

Jugo de 2 limones

Sal y pimienta negra recién molida

$1/2$ cucharadita de pimienta de cayena

$1/2$ taza (125 ml) de yogurt natural

2 cucharadas de pimiento (capsicum) rojo, partido en cubos

Sopa de Elote

con pollo y chile

Caliente el aceite en una sartén mediana sobre fuego alto. Agregue el pollo y saltee 7 u 8 minutos, hasta que esté blanco. Reserve. • Agregue la leche a la sartén y añada la cebolla y las papas. Lleve a ebullición. Cuando suelte el hervor baje el fuego y agregue el cilantro, los chiles y la mitad de los granos de elote. Hierva sobre fuego muy bajo durante 10 minutos moviendo a menudo. Retire del fuego. • Muela con una licuadora de inmersión hasta que esté terso. Integre la mezcla de fécula de maíz. • Vuelva a colocar la sopa sobre el fuego y recaliente hasta que espese. Lleve a ebullición una vez más y agregue los granos de elote restantes. Cocine a fuego bajo aproximadamente 3 minutos, hasta que los granos de elote estén cocidos. • Retire del fuego y sazone con sal y pimienta. Agregue la crema y siga moviendo durante 3 minutos más. Añada el cebollín y el pollo. Sirva caliente.

1 pechuga de pollo, deshuesada, sin piel y cortada en trozos pequeños

1 cucharada de aceite de oliva extra virgen

4 tazas (1 litro) de leche

1 cebolla grande, finamente picada

350 g (12 oz) de papas, sin piel y cortadas en cubos

2 cucharadas de cilantro, finamente picado

3 chiles piquín frescos, finamente picados

500 g (1 lb) de granos de elote (elote dulce), congelado o fresco

1 cucharada de fécula de maíz (maicena), mezclada con 3 cucharadas de agua fría

Sal y pimienta recién molida

3 cucharadas de cebollín, cortado con tijera

$1/2$ taza (125 ml) de crema ligera

3 cucharadas de cebollín fresco, picado

RINDE 6 u 8 porciones

PREPARACIÓN 20 minutos

COCCIÓN 1 hora 45 minutos

DIFICULTAD grado 2

Sopa Goulash

En una olla grande para sopa sobre fuego alto derrita la mantequilla. Agregue la carne de res en tandas y cocine durante 1 ó 2 minutos, hasta sellar. Reserve. • Añada las cebollas y saltee alrededor de 5 minutos, hasta que estén suaves. • Agregue el ajo, tomillo y las semillas de alcaravea y saltee sobre fuego medio durante 2 minutos más. • Integre la páprika y $1/2$ cucharadita de sal. Saltee sobre fuego medio alrededor de 5 minutos, hasta incorporar la páprika. Añada la harina y mezcle hasta integrar. • Agregue una taza (250 ml) del caldo. Hierva a fuego lento durante un minuto moviendo constantemente. • Integre la pasta de tomate, los pimientos y los jitomates y agregue las 7 tazas (1.75 litro) restantes de caldo de res. Regrese la carne a la olla y hierva. Tape y cocine sobre fuego bajo alrededor de $1 1/2$ hora, hasta que la carne esté suave. Agregue más caldo si la sopa se llegara a espesar demasiado. • Incorpore la crema y el vino y cocine durante un minuto. Sazone con sal y pimienta y rectifique la sazón. Sirva la sopa caliente acompañando con la crema ácida.

$1/4$ taza (60 g) de mantequilla

750 g ($1 1/2$ lb) de carne magra de res (para guisado), cortada en trozos pequeños

3 cebollas medianas, finamente picadas

3 dientes de ajo, finamente picados

1 cucharadita de tomillo seco

$1/2$ cucharadita de semillas de alcaravea, machacadas

2 cucharadas de páprika picante

Sal

$1 1/2$ cucharada de harina de trigo (simple)

8 tazas (2 litros) de caldo o consomé de res o más si fuera necesario

1 cucharada de pasta de tomate (concentrado)

1 pimiento (capsicum) verde, sin semillas y finamente rebanado

3 jitomates maduros, sin piel y cortados en cuartos

$1/4$ taza (60 ml) de crema baja en grasa

$1/4$ taza (60 ml) de vino tinto seco

Pimienta negra recién molida

$1/2$ taza (125 ml) de crema ácida, para acompañar

Sopa de Jitomate
con fideos

En una sartén grande sobre fuego medio-alto caliente el aceite. Agregue la cebolla, el ajo, el comino, si lo usa, y saltee alrededor de 5 minutos, hasta que la cebolla esté suave. • Agregue los jitomates y 2 tazas (500 ml) del caldo. Reduzca el fuego a bajo, tape parcialmente la olla y hierva a fuego lento durante 30 minutos. • Añada la taza (250 ml) restante del caldo de pollo y los fideos remojados. Suba el fuego a medio y deje que hierva. • Retire del fuego, adorne con la albahaca, si la usa, y sirva caliente.

2 cucharadas de aceite de oliva extra virgen

1 cebolla grande, finamente picada

4 dientes de ajo, finamente picados

1/2 cucharadita de semillas de comino recién molidas (opcional)

2 latas (400g/14 oz) de jitomate entero, picados, con su jugo

3 tazas (750 ml) de caldo de pollo (hecho en casa o de cubo)

Sal y pimienta negra recién molida

4 paquetes (90 g/3 oz) de fideo ramen (350 g de tallarines instantáneos), sin el sobre de sazonadores, remojados en agua hirviendo durante 10 minutos (o de acuerdo a las instrucciones del paquete)

1 ó 2 cucharaditas de albahaca, finamente picada, para adornar (opcional)

RINDE 6 porciones
PREPARACIÓN 15 minutos más 12 horas de remojo
COCCIÓN 1 hora 45 minutos
DIFICULTAD grado 2

Sopa

con frijoles y hierbas

En una olla grande sobre fuego medio, caliente el aceite. Agregue la cebolla, la zanahoria y el apio y saltee durante 7 ó 10 minutos, hasta que estén suaves. • Integre los frijoles, las ramas de perejil, la salvia, el ajo, los jitomates y el caldo. Sazone con pimienta. Lleve a ebullición y agregue el romero. Cuando suelte el hervor reduzca el fuego y hierva a fuego lento durante 60 ó 90 minutos, hasta que los frijoles estén suaves pero no se desbaraten. • Deseche el romero. Agregue los ejotes y la albahaca. Cocine a fuego lento durante 5 ó 7 minutos, hasta que los frijoles estén suaves pero enteros. • Sazone con sal y pimienta al gusto. Integre las hojas de apio. Adorne con las hojas de perejil y rocíe con aceite de oliva. Sirva caliente.

$^{1}/_{3}$ taza (80 ml) de aceite de oliva extra virgen más el necesario para rociar

1 cebolla, finamente picada

1 zanahoria, finamente picada

1 tallo de apio, finamente picado

2 tazas (250 g) de frijoles cannellini, riñón blanco o borlotti, remojados durante toda la noche y escurridos

Un manojo de ramas de perejil, finamente picado

3 hojas de salvia fresca, finamente picada

2 dientes de ajo, finamente picados

5 jitomates cereza maduros

8 tazas (2 litros) de caldo de verduras (hecho en casa o de cubo)

Sal y pimienta negra recién molida

2 ramas de romero fresco

150 g (5 oz) de ejotes o chícharos chinos (mangetouts), sin puntas y picados

Un manojo de hojas de albahaca fresca

Sal

Un manojo de hojas de apio

1 cucharada de perejil, picado grueso

RINDE 6 porciones

PREPARACIÓN 10 minutos

COCCIÓN 40 minutos

DIFICULTAD grado 1

Sopa de Poro y Papa

con pan de centeno

En una olla grande sobre fuego medio, derrita la mantequilla. Añada el ajo, el apio, el poro y las papas. Saltee alrededor de 10 minutos, hasta que estén suaves. • Agregue el caldo y hierva. Cuando suelte el hervor reduzca a fuego lento y hierva aproximadamente 30 minutos, hasta que los vegetales estén muy suaves. • Tueste el pan hasta que esté ligeramente dorado. • Coloque una rebanada de pan en cada uno de los 6 tazones de servir. Cubra cada pieza de pan con una o dos rebanadas del queso y una cucharada de los vegetales cocidos. Añada otra rebanada de pan y un poco más del queso restante a cada tazón. Usando un cucharón cubra con la sopa. Deje reposar los tazones de sopa durante 2 minutos. Sazone con pimienta y sirva caliente.

1 cucharada de mantequilla

1 diente de ajo, finamente picado

2 tallos de apio, finamente picados

2 poros pequeños, finamente rebanados

500 g (1 lb) de papas enceradas, sin piel y cortadas en cubos pequeños

8 tazas (2 litros) de caldo de verduras (hecho en casa o de cubo)

6 rebanadas gruesas de pan de centeno, partidas a la mitad

300 g (10 oz) de queso fontina u otro queso de sabor suave

Pimienta negra recién molida

RINDE 4 ó 6 porciones

PREPARACIÓN 10 minutos

COCCIÓN 30 minutos

DIFICULTAD grado 1

Sopa de Pasta

con verduras y pesto

En un procesador de alimentos muela la albahaca, los piñones y el ajo hasta obtener un puré terso. • Agregue el queso y el aceite y mezcle hasta integrar. • En una olla grande sobre calor medio, hierva el caldo. Añada los ejotes y las papas. Sazone con sal y pimienta y deje hervir a fuego lento durante 15 minutos. • Integre la pasta y cocine durante 5 ó 7 minutos, hasta que esté al dente y las verduras estén suaves. • Agregue el pesto y mezcle hasta integrar. Usando un cucharón pase la sopa a tazones y sirva caliente.

60 g (2 oz) de hojas de albahaca

1/4 taza (45 g) de piñones

2 dientes de ajo

1/2 taza (60 g) de queso parmesano recién rallado

1/4 taza (60 ml) de aceite de oliva extra virgen

6 tazas (1.5 litro) de caldo de verduras (hecho en casa o de cubo)

350 g (12 oz) de ejotes, picados grueso

2 papas enceradas grandes, sin piel y cortadas en cubos pequeños

Sal y pimienta recién molida

250 g (8 oz) de farfalline (moños) u otra pasta pequeña para sopa

Sopa Kasha

con hongos silvestres

En una olla grande sobre fuego medio, caliente el aceite y añada las cebollas. Saltee alrededor de 5 minutos hasta que estén suaves. • Agregue los hongos y el ajo. Saltee aproximadamente 5 minutos, hasta que los hongos se hayan suavizado ligeramente. • Agregue el kasha y la hoja de laurel. Añada el agua. • Lleve a ebullición y cuando suelte el hervor baje el fuego y cocine a fuego lento aproximadamente 20 minutos, hasta que el kasha esté suave y los hongos estén cocidos. • Sazone con sal y pimienta. Integre la crema y adorne con el tomillo. Retire la hoja de laurel. • Sirva caliente.

4 cucharadas de aceite de oliva extra virgen

1 cebolla mediana, finamente picada

180 g (6 oz) de mezcla de hongos silvestres, finamente rebanados

2 dientes de ajo, finamente picados

125 g (4 oz) de kasha (avena de trigo sarraceno)

1 hoja de laurel

4 tazas de agua (1 litro)

Sal y pimienta negra recién molida

4 cucharadas de crema agria, para adornar

1 cucharada de tomillo, finamente picado, para adornar

RINDE 4 porciones

PREPARACIÓN 15 minutos

COCCIÓN 25 minutos

DIFICULTAD grado 1

Sopa de Haba Verde

con pesto

En una olla grande sobre fuego medio, caliente el aceite y añada las cebollas. Saltee alrededor de 5 minutos, hasta que estén suaves. • Agregue las habas, las papas y el caldo de verduras o de pollo y lleve a ebullición. • Cuando suelte el hervor reduzca el fuego a bajo y hierva sobre fuego lento alrededor de 20 minutos o hasta que las habas y las papas estén suaves. Añada el pesto. • Retire la olla del fuego y mezcle con una licuadora de inmersión hasta que esté tersa. • Vuelva a colocar la olla sobre el fuego y recaliente ligeramente. Sazone con sal y pimienta; adorne con la albahaca.

3 cucharadas de aceite de oliva extra virgen

1 cebolla, finamente picada

400 g (14 oz) de habas verdes, congeladas

250 g (8 oz) de papas, sin piel y cortadas en cubos pequeños

4 tazas (1 litro) de caldo de verduras o pollo (hecho en casa o de cubo)

2 ó 4 cucharadas de pesto (vea página 37)

Sal y pimienta negra recién molida

1 cucharada de albahaca, troceada

RINDE 4 ó 6 porciones

PREPARACIÓN 30 minutos

COCCIÓN 50 minutos

DIFICULTAD grado 2

Sopa de Pan
con jitomate y pimientos

Precaliente el asador de su horno a temperatura alta. Ase los pimientos, volteándolos de vez en cuando, hasta que estén carbonizados de todos los lados. Retire del asador y pase a una bolsa de plástico. Cierre la bolsa y deje reposar 10 minutos. Saque de la bolsa, pele, retire las semillas y deséchelas. Rebane finamente el pimiento. • En una sartén grande sobre fuego medio, caliente el aceite. Agregue el ajo y saltee 2 ó 3 minutos, hasta que esté ligeramente dorado. • Añada los jitomates y la mitad de los pimientos. Lleve a ebullición. • Agregue el pan y mezcle hasta integrar. Añada el caldo y mezcle hasta integrar. Sazone con pimienta negra y deje hervir. Cocine alrededor de 30 minutos hasta que el pan se desbarate. Sazone con sal y agregue la albahaca y la mejorana. • Usando un cucharón sirva en tazones y añada los pimientos restantes. Adorne con la albahaca. Sirva caliente o a temperatura ambiente.

3 pimientos (capsicums) rojos grandes

1/4 taza (60 ml) de aceite de oliva extra virgen

2 dientes de ajo, finamente picados

750 g (1 1/2 lb) de jitomates maduros, picados

250 g (8 oz) de pan blanco con corteza, preferiblemente sin sal

3 tazas (750 ml) de caldo de verduras (hecho en casa o de cubo)

Sal y pimienta negra recién molida

2 cucharadas de albahaca, finamente picada, más hojas adicionales para adornar

2 cucharadas de mejorana, finamente picada

RINDE 4 ó 6 porciones

PREPARACIÓN 20 minutos

COCCIÓN 45 minutos

DIFICULTAD grado 1

Sopa de Hinojo

con miso

En una olla grande sobre fuego medio, caliente el aceite. Agregue el hinojo, las zanahorias, los poros y las papas y saltee 8 ó 10 minutos, hasta que los vegetales estén suaves. • Agregue el jengibre, el ajo, los chiles y las semillas de hinojo. Sazone con sal y saltee sobre fuego bajo durante10 minutos más. Disuelva el miso en ½ taza (125 ml) de agua hirviendo. • Integre la mezcla de miso y el agua restante en la sopa. Cocine a fuego lento 15 ó 20 minutos, hasta que las papas estén suaves. Agregue el berro, los chícharos chinos y el jugo de limón. Cocine 3 minutos más. • Adorne con el perejil y el berro reservado. Sirva caliente.

2 cucharadas de aceite de oliva extra virgen

500 g (1 lb) de bulbos de hinojo, cortados en rebanadas delgadas

1 zanahoria cortada en juliana

2 poros, las partes blancas, limpios y rebanados

2 papas, sin piel y cortadas en cubos pequeños

1 pieza de 2.5 cm (1 in) de jengibre fresco, sin piel y finamente picado

1 diente de ajo, finamente picado

½ chile verde, finamente picado

1 chile rojo, finamente picado

1 cucharadita de semillas de hinojo

Sal

6 tazas (1.5 litro) de agua

3 cucharadas de miso de cebada

125 g (4 oz) de ramas de berro, picadas, más hojas adicionales para adornar

5 chícharos chinos (mangetout), partidos a la mitad

1 cucharada de jugo de limón fresco

1 cucharada de perejil, finamente picado

Sopa de Brócoli

con tostadas de queso

Separe el brócoli en floretes. Pique el tallo en dados pequeños y pique las hojas en trozos. • En una olla grande sobre fuego alto caliente dos cucharadas del aceite. Agregue el ajo y saltee 2 ó 3 minutos, hasta que suavice. • Añada el brócoli (hojas, flores y tallos), la papa y el caldo. Sazone con sal y pimienta. Tape parcialmente y cocine sobre fuego bajo aproximadamente 20 minutos, hasta que el brócoli esté suave. • Retire del fuego. En un procesador de alimentos haga un puré terso. Coloque la sopa en tazones con la ayuda de un cucharón. • Espolvoree el pan tostado con queso y pimiento. Adorne la sopa con el pan tostado.

1 kg (2 lb) de brócoli

4 cucharadas de aceite de oliva extra virgen

2 ó 3 dientes de ajo, finamente picados

1 papa grande, sin piel y cortada en cubos

6 tazas (1.5 litros) de caldo de pollo o consomé (hecho en casa o de cubo)

Sal y pimienta blanca recién molida

4 ó 6 rebanadas de pan, cortadas a la mitad y tostadas

$^1/_2$ taza (60 g) de queso cheddar o emmental recién rallado

1 ó 2 cucharadas de pimiento (capsicum) rojo, partido en cubos

RINDE 4 porciones

PREPARACIÓN 15 minutos

COCCIÓN 40 minutos

DIFICULTAD grado 1

Sopa de Ajo

En una olla grande sobre fuego medio, coloque el agua y el ajo. Agregue los clavos, la salvia y la ajedrea; sazone con sal y pimienta. Lleve a ebullición. Cuando suelte el hervor reduzca el fuego y hierva a fuego lento alrededor de 20 minutos, hasta que el ajo esté suave. • Precaliente el horno a 200°C (400°F /gas 6). • Acomode las rebanadas de pan en una charola de horno previamente engrasada. Agregue a cada pan un poco de queso. Rocíe con el aceite y sazone con pimienta. Hornee 5 ó 7 minutos, hasta que estén crujientes y ligeramente dorados. • En una licuadora muela la sopa hasta obtener una mezcle tersa y cremosa. • Acomode el pan en cada tazón y, usando un cucharón, bañe con la sopa. • Sirva caliente.

6 tazas (1.5 litro de agua)

30 dientes de ajo, sin piel

2 clavos

3 hojas de salvia

1 rama de ajedrea

Sal y pimienta negra recién molida

1 baguette grande (pan francés), rebanada

180 g (6 oz) de queso gruyère, rallado grueso

1/4 taza (60 ml) de aceite de oliva extra virgen

Sopa de Lenteja Roja

con mango

En una olla con agua fría coloque las lentejas y póngalas a hervir. Deje cocer a fuego lento durante 30 ó 35 minutos, hasta que estén suaves. Escurra y retire del fuego. • En la misma olla caliente el aceite sobre fuego bajo. Agregue la cebolla, el ajo y el mango; saltee aproximadamente 5 minutos, hasta que estén suaves. • Añada las lentejas y las papas; integre el caldo. Deje que hierva y cocine sobre calor bajo durante 30 minutos. • Añada los jitomates, el comino, el chile, la páprika y el tomillo. Sazone con sal y pimienta. Cocine a fuego lento durante 10 minutos. • Incorpore el jugo de limón. Retire del calor y licue con una licuadora de inmersión hasta que esté parcialmente tersa. • Regrese la olla al fuego y recaliente suavemente. Sirva caliente acompañando con el pan tostado.

1 taza (100 g) de lentejas rojas, enjuagadas

1 cucharada de aceite de oliva extra virgen

$\frac{1}{2}$ cebolla, finamente rebanada

2 dientes de ajo, finamente picados

3 cucharadas de mango deshidratado, picado

2 papas, sin piel y cortadas en cubos

3 tazas (750 ml) de caldo de pollo (hecho en casa o de cubo)

1 lata (400g/14 oz) de jitomates, con jugo

$\frac{1}{2}$ cucharadita de comino molido

$\frac{1}{2}$ cucharadita de chile rojo molido

$\frac{1}{2}$ cucharadita de páprika dulce

$\frac{1}{2}$ cucharadita de tomillo seco

Sal y pimienta negra recién molida

2 cucharadas de jugo de limón fresco

Pan tostado con mantequilla, para acompañar

RINDE 6 porciones

PREPARACIÓN 15 minutos más lo necesario para remojar los frijoles

COCCIÓN 1 hora 30 minutos

DIFICULTAD grado 2

Sopa de Frijol

con cilantro

En una olla grande sobre fuego medio, caliente el aceite. Añada los chalotes, el apio, el ajo y el chile. Saltee alrededor de 7 minutos, hasta que estén suaves. • Agregue el caldo y añada los frijoles. Lleve a ebullición. Cuando suelte el hervor reduzca el fuego, tape y deje que hierva 40 ó 50 minutos, hasta que el frijol esté casi suave. • Añada la pimienta de cayena y sazone con sal y pimienta. Integre los jitomates y hierva aproximadamente 20 minutos, hasta que se suavicen. • Incorpore el jugo de limón y una cucharada de cilantro. Adorne con el cilantro restante y sirva caliente.

2 cucharadas de aceite de oliva extra virgen

4 chalotes, finamente picados

4 tallos de apio, picados grueso

4 dientes de ajo, finamente picados

1 chile rojo o verde fresco, sin semillas y finamente picado

8 tazas (2 litros) de caldo de pollo (hecho en casa o de cubo)

$1\frac{1}{2}$ taza de frijol ojo de vaca, remojado durante toda la noche y escurrido

$\frac{1}{4}$ cucharadita de pimienta de cayena

Sal y pimienta negra recién molida

5 jitomates, sin piel y picados

Jugo de 2 limones

2 cucharadas de cilantro, finamente picado

RINDE 6 porciones

PREPARACIÓN 20 minutos

COCCIÓN 30 minutos

DIFICULTAD grado 2

Sopa de Col

con papas y salchicha

En una olla grande sobre fuego medio, saltee el tocino aproximadamente 5 minutos, hasta que la grasa se derrita. • Agregue la mantequilla y la cebolla; saltee alrededor de 5 minutos, hasta que la cebolla esté suave. • Añada la papa, $1/4$ cucharadita de páprika y la mejorana. Saltee 8 ó 10 minutos sobre fuego bajo, moviendo constantemente, hasta que la papa esté suave. • Continúe mezclando. Agregue la col e integre el agua. Lleve a ebullición y cuando suelte el hervor reduzca el fuego y hierva a fuego lento durante 4 u 8 minutos, dependiendo que tan delgada esté la col. Debe de quedar un poco crujiente. Sazone con sal y pimienta. Añada la crema y la salchicha (si la usa). Deje que dé otro hervor ligero. • Adorne con el perejil y espolvoree con la páprika restante. Sirva caliente.

250 g (8 oz) de tocino, picado

1 cucharadita de mantequilla

1 cebolla grande, finamente picada

1 papa encerada grande, cortada en cubos pequeños

1 cucharadita de páprika dulce

1 cucharada de mejorana fresca o eneldo, finamente picada

1 col verde o col savoy, aproximadamente 750 g ($1 1/2$ lb), finamente rallada

6 tazas (1.5 litro) de agua

Sal y pimienta blanca recién molida

$2/3$ taza (150 ml) de crema ácida

125 g (4 oz) de salchicha ahumada picante, finamente rebanada (opcional)

2 cucharadas de perejil, finamente picado

RINDE 4 ó 6 porciones

PREPARACIÓN 15 minutos

COCCIÓN 2 horas 15 minutos

DIFICULTAD grado 1

Sopa de Pollo
con elote

En una olla grande sobre calor medio, coloque el pollo con el agua, la cebolla, el apio, sal y pimienta. Lleve a ebullición y cuando suelte el hervor reduzca el fuego y cocine sobre calor bajo durante 2 horas o hasta que el pollo esté bien cocido. • Retire la olla del fuego. Saque el pollo. Retire todos los huesos, la piel y la grasa que se haya acumulado. Corte la carne del pollo en trozos. • Regrese los vegetales y la mitad del líquido de la cocción a la olla y muélalos con ayuda de una licuadora de inmersión, hasta que esté ligeramente tersa. • Regrese el pollo a la sopa. Agregue el elote y la crema de apio. Hierva a fuego bajo durante 10 minutos, moviendo constantemente, hasta que el elote esté bien cocido. • Retire del calor y agregue la crema. • Adorne con el cebollín y sirva caliente.

I pollo pequeño, aproximadamente 750 g (1 ½ lb), cortado en 8 piezas

4 tazas (I litro) de agua

I cebolla grande, finamente picada

2 ramas de apio, finamente picadas

2 cucharaditas de sal

I cucharadita de pimienta blanca recién molida

I lata (400 g/14 oz) de elote (elote dulce)

I lata (400 g/14 oz) de crema de apio

½ taza (125 ml) de crema ligera

Un manojo de cebollín, cortado con tijera, para adornar

Crema de Verduras

En una olla grande sobre fuego medio, caliente la mantequilla. Agregue la cebolla, el apio, las zanahorias, las hojuelas de chile y las semillas de alcaravea; saltee durante 10 minutos, hasta que las verduras estén suaves. • Añada la hoja de laurel, el perejil, el ajo, el eneldo y la col. Saltee alrededor de 5 minutos, hasta que la col se marchite y reduzca su volumen a la mitad. Agregue las papas, el nabo, la sal, la pimienta y el caldo. Lleve a ebullición y cuando suelte el hervor tape y deje que se cocine sobre calor bajo alrededor de 30 minutos. • Agregue los jitomates. Tape parcialmente y hierva sobre fuego bajo alrededor de 30 minutos. • Deseche la hoja de laurel. En una licuadora muela la sopa en dos tandas hasta obtener un puré sin grumos pero con un poco de textura. Pruebe y rectifique la sazón. • Sirva caliente adornando con una cucharada de crema y una rama de eneldo fresco.

2 cucharadas de mantequilla

1 cebolla grande, picada

2 tallos de apio grande, picados

1 zanahoria grande, picada

Una pizca de hojuelas de chile

1 cucharadita de semillas de alcaravea

1 hoja de laurel

2 cucharadas de perejil, finamente picado

3 dientes de ajo, finamente picados

Un manojo de eneldo fresco, picado

500 g (1 lb) de col, picada

1 kg (2 lb) de papas, sin piel y cortadas en cubos

500 g (1 lb) de nabo, sin piel y picado

1 cucharadita de sal

1 cucharadita de pimienta negra recién molida

6 tazas (1.5 litro) de caldo de res (hecho en casa, vea página 9, o de cubo)

1 lata (400g/14 oz) de jitomates enteros, con su jugo

Crema ácida, para adornar

Algunas ramas de eneldo fresco, para adornar

RINDE 6 u 8 porciones

PREPARACIÓN 20 minutos

COCCIÓN 2 horas

DIFICULTAD grado 1

Sopa de Carne de Res

con arroz y espinacas

En una olla grande sobre fuego medio, caliente 4 cucharadas del aceite. Añada la cebolla, el ajo y la zanahoria; saltee 8 ó 10 minutos hasta que el ajo y la cebolla estén ligeramente dorados. • Agregue la carne de res y saltee 8 ó 10 minutos, hasta que esté bien dorada. • Añada el agua y los jitomates. Reduzca el fuego, tape y cocine a fuego bajo alrededor de 90 minutos, hasta que la carne esté suave. • Agregue el arroz y cocine 15 minutos. Añada la espinaca y la canela. Sazone con sal y pimienta. Cocine a fuego bajo durante 10 minutos más. • Agregue el perejil y, justo antes de servir, rocíe con el aceite restante.

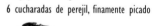 taza (90 ml) de aceite de oliva extra virgen

2 cebollas, finamente picadas

4 dientes de ajo, finamente picados

1 zanahoria pequeña, rebanada

750 g (1 1/2 lb) de carne de res (para guisado), cortada en trozos pequeños

12 tazas (3 litros) de agua fría

2 jitomates, picados

3/4 taza (150 g) de arroz de grano largo

1 kg (2 lb) de espinaca fresca, sin tallos gruesos, o 500 g (1 lb) de espinaca congelada

1 cucharadita de canela molida

Sal y pimienta negra recién molida

6 cucharadas de perejil, finamente picado

RINDE 4 ó 6 porciones

PREPARACIÓN 15 minutos

COCCIÓN 30 minutos

DIFICULTAD grado 1

Sopa Picante de Res

con papas

En una olla para sopa sobre fuego medio-alto caliente el aceite. Agregue la cebolla, el ajo, la zanahoria, el apio, el chile y el perejil. Saltee alrededor de 5 minutos, hasta que la cebolla se suavice. • Añada la carne molida y fría aproximadamente 5 minutos hasta que se dore. • Integre los jitomates, las papas, el caldo, sal y pimienta. Tape la olla parcialmente y hierva sobre calor bajo durante 15 ó 20 minutos, hasta que las papas estén suaves. Adorne con el cilantro, si lo desea, y sirva caliente.

2 cucharadas de aceite de oliva extra virgen

1 cebolla grande, finamente picada

2 dientes de ajo, finamente picados

1 zanahoria, finamente picada

1 tallo de apio, finamente picado

1 chile rojo fresco, finamente rebanado

2 cucharadas de perejil, finamente picado

350 g (12 oz) de carne de res molida

2 latas (400/14 oz) de jitomates enteros, picados y con su jugo

2 ó 3 papas grandes, sin piel y cortadas en cubos

4 tazas (1 litro) de caldo de res (hecho en casa, vea página 9, o de cubo)

Sal y pimienta recién molida

2 cucharadas de cilantro, finamente picado, para adornar (opcional)

Sopa Española

con chorizo y puerco

En una olla grande para sopa sobre fuego medio, caliente el aceite. Añada las cebollas y el ajo y sazone con sal. Saltee aproximadamente 5 minutos, hasta que las cebollas estén suaves. • Añada la páprika, el chorizo y el puerco. Fría la carne por todos lados durante 6 u 8 minutos, hasta que se dore ligeramente. Incorpore las papas, los pimientos, los garbanzos y los jitomates. Sazone con sal. Integre el agua, las hojas de laurel y la salvia. Deje hervir sobre calor bajo por 45 minutos, hasta que las verduras estén suaves. • Sazone con sal y pimienta al gusto. Retire y deseche la hoja de laurel. Decore con el perejil y sirva caliente.

$^1/_3$ taza (90 ml) de aceite de oliva extra virgen

2 cebollas amarillas o blancas grandes

4 dientes de ajo, finamente picados

Sal

$1^1/_2$ cucharadita de páprika dulce

250 g (8 oz) de chorizo, rebanado

250 g (8 oz) de lomo de puerco asado, cortado en cubos

2 papas, sin piel y cortadas en cubos pequeños

1 pimiento (capsicum) rojo, sin semillas y en cubos pequeños

1 pimiento (capsicum) verde, sin semillas y en cubos pequeños

1 lata (400/14 oz) de garbanzos, escurridos

10 jitomates, sin piel y finamente picados

6 tazas (1.5 litro) de agua fría

2 hojas de laurel

2 cucharaditas de salvia, finamente picada

Pimienta negra recién molida

3 cucharadas de perejil, finamente picado

Minestrone
con salchicha y pancetta

En una olla grande para sopa sobre fuego medio, caliente el aceite. Añada la cebolla y saltee aproximadamente 5 minutos, hasta que esté suave. • Agregue la pancetta o tocino, la papa y la zanahoria. Cocine durante 5 minutos. Incorpore los chícharos secos, el caldo y la mejorana; hierva 2 minutos, retirando la espuma que se forme. Tape parcialmente y deje cocer a fuego bajo alrededor de 45 minutos, hasta que la sopa espese y los chícharos estén suaves. • Retire la pancetta, quítele la grasa que contenga y corte en cubos pequeños. Regrese los cubos a la sopa e incorpore la salchicha y el perejil. • Recaliente la sopa y sazone con sal y pimienta. Hierva durante 5 minutos más y sirva caliente.

2 cucharadas de aceite de oliva extra virgen

1 cebolla grande, finamente picada

1 pieza (250 g/8 oz) de pancetta delgada o tocino

1 papa, finamente picada

1 zanahoria chica, finamente picada

2½ tazas (250 g) de chícharos secos

6 tazas (1.5 litro) de caldo de pollo (hecho en casa o de cubo)

½ cucharadita de mejorana seca

Sal y pimienta recién molida

125 g (4 oz) de salchicha alemana de puerco, cortada en cubos pequeños

1 cucharada de perejil, finamente picada

RINDE 6 u 8 porciones

PREPARACIÓN 45 minutos

COCCIÓN 1 hora

DIFICULTAD grado 1

Sopa de Castaña

con calabaza y jengibre

En una olla grande y gruesa sobre fuego medio, derrita la mantequilla con el aceite. Agregue la cebolla, la zanahoria, el apio y las hojuelas de chile. Saltee alrededor de 5 minutos, hasta que la cebolla esté suave. • Agregue el ajo, el jengibre, la calabaza, los camotes, las papas, la sal, el caldo y las castañas picadas. Debe haber suficiente caldo para cubrir las verduras y para que se puedan mover con facilidad cuando se revuelva. Si no es así, agregue más caldo o agua. Lleve a ebullición y cuando suelte el hervor reduzca el fuego, tape y cocine sobre calor muy bajo alrededor de una hora, moviendo ocasionalmente. Agregue más agua o caldo si la sopa se espesa demasiado o si se empieza a pegar al fondo de la olla. La calabaza y las papas deben desbaratarse al picarlas con un tenedor. • Muela la sopa en dos tandas en una licuadora. Pruebe y sazone con sal y pimienta. • Sirva caliente y rocíe con el aceite de oliva. Decore con el cebollín.

1 cucharada de mantequilla

2 cucharadas de aceite de oliva extra virgen

1 cebolla amarilla mediana, picada

1 zanahoria, picada

1 tallo de apio, picado

$1/8$ cucharadita de hojuelas de chile

3 dientes de ajo, finamente picados

2 cucharadas de jengibre fresco, picado

800 g ($1^3/_4$ lb) de calabaza amarilla, sin piel y cortada en cubos pequeños

350 g (12 oz) de camote, sin piel y cortado en cubos pequeños

2 papas medianas, sin piel y cortadas en cubos pequeños

1 cucharadita de sal gruesa de mar

4 tazas (1 litro) de caldo de res o el necesario (hecho en casa o de cubo)

500 g (1 lb) de castañas frescas, tostadas y picad

Sal y pimienta recién molida

Aceite de oliva extra virgen y cebollín fresco, para adornar

RINDE 4 porciones
PREPARACIÓN 20 minutos más tiempo
para remojar los garbanzos
COCCIÓN 2 horas
DIFICULTAD grado 1

Sopa de Garbanzo

con hongos

En una olla mediana coloque el garbanzo y cubra con agua. Lleve a ebullición sobre fuego medio. Cuando suelte el hervor reduzca el fuego a bajo. Tape y cocine alrededor de 90 minutos, hasta que los garbanzos estén suaves. Escurra y reserve el líquido. • En una sartén grande sobre fuego medio, caliente la mitad del aceite. Agregue el ajo y el romero y saltee 2 ó 3 minutos, hasta que el ajo esté ligeramente dorado. • Añada los hongos secos, los champiñones y las papas. Sazone con sal y pimienta. Agregue un cucharón del líquido reservado y mezcle hasta integrar. Hierva durante 10 minutos. Agregue el garbanzo y la mitad del líquido reservado. Tape y cocine sobre fuego bajo alrededor de 15 minutos, hasta que los vegetales estén suaves. • Con un cucharón sirva en tazones para sopa y espolvoree con perejil. Rocíe con el aceite restante. Sirva caliente y acompañe con el pan tostado.

1 1/2 taza (150 g) de garbanzo seco, remojado durante toda la noche y escurrido

1/3 taza (90 ml) de aceite de oliva

1 diente de ajo, finamente picado

1 cucharada de romero, finamente picado

30 g (1 oz) de hongos secos, remojados en agua tibia durante15 minutos, escurridos y picados

500 g (1 lb) de champiñones, rebanados

2 papas pequeñas, sin piel y cortadas en cubos pequeños

Sal y pimienta negra recién molida

1 cucharada de perejil, finamente picado

8 rebanadas de pan integral, tostadas

RINDE 4 ó 6 porciones

PREPARACIÓN 15 minutos

COCCIÓN 1 hora 20 minutos

DIFICULTAD grado 1

Sopa de Verduras
con frijoles y hierbas frescas

En una olla grande sobre fuego medio, caliente el aceite. Agregue la cebolla, el ajo y el poro. Saltee aproximadamente 5 minutos, hasta que estén suaves. • Agregue la albahaca, el perejil, el tomillo, la mejorana y la salvia. Saltee durante10 minutos. • Incorpore los jitomates y cocine a fuego bajo alrededor de 10 minutos, hasta que se desbaraten. • Agregue las calabacitas, las papas, el nabo, las zanahorias, los ejotes, los frijoles, el agua y la espinaca. Sazone con sal y pimienta. Lleve a ebullición y cuando suelte el hervor baje el fuego y cocine sobre calor bajo alrededor de una hora, hasta que los vegetales estén muy suaves. • Sirva caliente.

3 cucharadas de aceite de oliva extra virgen

1 cebolla grande, finamente picada

2 dientes de ajo, finamente picados

1 poro, rebanado

2 cucharadas de albahaca, finamente picada

2 cucharadas de perejil, finamente picado

1 cucharada de tomillo, finamente picado

1 cucharada de mejorana, finamente picada

$\frac{1}{2}$ cucharada de salvia, finamente picada

4 jitomates, sin piel y picados

4 calabacitas (courgettes) medianas, picadas

3 papas, sin piel y cortadas en cubos pequeños

2 nabos pequeños, sin piel y picados

3 zanahorias grandes, sin piel y picadas

200 g (7 oz) de ejotes, picados

1 taza (250 g) de frijoles blancos

8 tazas (2 litros) de agua hirviendo

250 g (8 oz) de espinaca fresca, rebanada

Sal y pimienta recién molida

Sopa de verduras
con arroz y col

En una olla grande sobre calor medio coloque el agua. Añada la cebolla, las papas, el apio, las zanahorias, las calabacitas, los frijoles y los jitomates. Mezcle hasta integrar y deje hervir. Sazone con la sal y la pimienta. Tape parcialmente y cocine sobre fuego medio aproximadamente una hora, hasta que los vegetales estén suaves. Añada un poco más de agua si fuera necesario. • Incorpore la pasta de tomate, la col y los chícharos. Cocine durante 10 minutos. • Retire del calor y deje reposar 5 minutos. • Agregue un poco más de pimienta y mezcle hasta integrar. Espolvoree con el queso parmesano y sirva caliente.

8 tazas (2 litros) de agua o más si fuera necesario

1 cebolla grande, finamente picada

2 papas grandes, sin piel y cortadas en cubos pequeños

2 tallos de apio, finamente picados

2 zanahorias grandes, rebanadas

3 calabacitas (courgettes) medianas, picadas

150 g (5 oz) de frijoles borlotti o frijoles rojos de lata

2 jitomates maduros, sin piel y picados

Sal y pimienta recién molida

1 cucharada de pasta de tomate (concentrado)

300 g (10 oz) de col savoy, rebanada

1 taza (150 g) de chícharos congelados

½ taza de arroz de grano largo

¼ taza (30 g) de queso parmesano fresco

Sopa de Frijol Aduki

En una olla grande sobre calor medio, caliente el aceite. Agregue las cebollas, el apio, las zanahorias, el ajo, el tomillo y las hojas de laurel. Saltee aproximadamente 5 minutos, hasta que la cebolla se suavice. • Añada el caldo de pollo e incorpore el frijol aduki. Lleve a ebullición y cuando suelte el hervor reduzca el fuego y cocine sobre fuego bajo aproximadamente una hora, hasta que los frijoles estén suaves. Agregue los jitomates y la pasta de tomate y deje hervir a fuego lento durante 20 minutos. • Sazone con sal y pimienta y agregue el perejil. Sirva caliente.

$^1/_4$ taza (60 ml) de aceite de girasol

2 cebollas, finamente picadas

2 tallos de apio, finamente picados

3 zanahorias, finamente picadas

2 dientes de ajo, finamente picados

1 cucharada de hojas de tomillo, finamente picadas o 1 cucharadita de tomillo seco

2 hojas de laurel

7 tazas (1.75 litro) de caldo de pollo (hecho en casa o de cubo)

$1^1/_4$ taza (200g) de frijoles aduki secos, remojados toda la noche y escurridos

1 lata (400 g/14oz) de jitomates, picados, con su jugo

1 cucharada de pasta de tomate (concentrado)

Sal y pimienta recién molida

2 cucharadas de perejil, finamente picado

RINDE 4 porciones

PREPARACIÓN 30 minutos más 2
horas de enfriamiento

DIFICULTAD grado 1

Crema Fría de Aguacate
con menta fresca

Corte los aguacates longitudinalmente a la mitad y gire cada mitad de manera que el hueso se despegue fácilmente de la pulpa. Pele los aguacates. • En un procesador de alimentos o licuadora coloque la pulpa de aguacate con la cebolla, el ajo, el cilantro, la menta, el jugo de limón, 1 ½ taza (375 ml) del caldo y muela hasta obtener un puré terso. • Agregue el caldo restante, el vinagre de arroz y la salsa de soya. Sazone con sal y pimienta. • Tape con plástico adherente y enfríe en el refrigerador mínimo durante 2 horas. • Adorne con la ralladura de limón y sirva fría.

2 aguacates firmes y maduros

1 cebolla pequeña, finamente picada

1 diente de ajo, machacado pero entero

2 cucharadas de cilantro, finamente picado

1 cucharada de menta o hierbabuena fresca, finamente picada

2 cucharadas de jugo de limón fresco

3 tazas (750 ml) de caldo de verduras (hecho en casa o de cubo)

1 cucharada de vinagre de arroz

1 cucharada de salsa de soya ligera

Sal y pimienta recién molida

Ralladura de limón, para adornar

Índice

Derechos registrados © 2010 por Mc Rae Books Srl

Importado y publicado en México en 2011 por Advanced Marketing, S. de R.L. de C.V. Calzada San Francisco Cuautlalpan No. 102 Bodega "D" Col. San Francisco Cuautlalpan, Naucalpan de Juárez Edo. de México, C.P. 53569

Derechos reservados. Ninguna parte de este libro se puede reproducir de ninguna manera sin la autorización previa por escrito del editor y dueño de los derechos registrados.

Título Original/ Original Title: Sopas/ Soups creado y producido por McRae Books Srl Borgo Santa Croce, 8 – Florencia (italia)

11 10 9 8 7 6 5

Editores: Anne McRae and Marco Nardi

Director de Proyecto: Anne McRae

Diseño: Sara Mathews

Texto: Carla Bardi

Edición: Osla Fraser

Fotografía: Mauro Corsi, Leonardo Pasquinelli, Gianni Petronio, Lorenzo Borri, Stefano Pratesi

Administrador: Benedetto Rillo

Corredor de Arte: McRae Books

Layouts: Adina Stefania Dragomir

Traducción: Laura Cordera L y Concepción O. de Jourdain

ISBN: 978-970-718-525-8

Fabricado e impreso en China en Febrero 2011 por /Manufactured and printed in China on February 2011 by: Leo Paper Products Ltd. Level 36, Tower 1, Enterprise Square Five (MegaBox), 38 Wang Chiu Road Kowloon Bay, Kowloon, Hong Kong